JEAN DOLENT

LA

PARADE DES JOUEURS

PARIS
ALPHONSE LEMERRE, ÉDITEUR
27-29, PASSAGE CHOISEUL, 27-29

1883

JEAN DOLENT

LA

PARADE DES JOUEURS

PARIS

ALPHONSE LEMERRE, ÉDITEUR

27-29, PASSAGE CHOISEUL, 27-29

1883

Tous droits réservés.

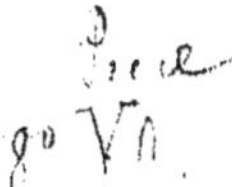

LA PARADE DES JOUEURS[1]

Les tréteaux sont dressés sur la grande place de la ville.

INDICATIONS.

COLONNIS. « Il a le fanatisme de la liberté. La bouche est grande et les yeux sont vifs. Pas beau. Pas laid ! »

LAGOUETTE. « Il dit vouloir réagir contre le lyrisme de M. Joseph Prud'homme. Ce jeune homme est circonspect. Du grand écrivain, Lagouette dit : *Il n'est pas sans talent;* » du héros : « *Il n'est pas sans courage.* » C'est un jeune homme aux idées modérées; il aime la vivacité d'esprit, l'imagination modérément. Lagouette qualifie choses et gens par un diminutif; ses « réductions » plaisent généralement. Ce jeune homme a les cheveux rares, les yeux faibles, la chair molle et un mauvais estomac. Aux lèvres, le vague sourire de l'homme caressé délicieusement par l'absolue certitude d'être beau. »

(Extrait du roman l'Insoumis.)

Musique (*Introduction*).

COLONNIS (30 ans). — LAGOUETTE (30 ans).

Ils entrent chargés de ballots. Ils ont l'habit étriqué, le linge caché, le chapeau légèrement déformé. Élégants. Lagouette a la mine de quel-

---

1. Extrait d'un livre inédit : Les Parades, de Jean Dolent. — *La parade de la dette. — La parade des gens qui ont soif. — La parade des joueurs. — La parade de la femme sans cœur et de l'homme sans tête. — La parade de la demoiselle. — La parade de l'homme asservi.*

qu'un dont on a pu justement dire : C'est un garçon très chic. Petite canne et monocle. Colonnis, tenue sans façon. Ils saluent à droite, à gauche, au milieu.) ,

COLONNIS, gaiement. — En gens fiers, nous avons dédaigné de décrocher les glorieuses hardes de Paillasse et Frispoulet, de Bobêche et Galimafré. C'était le dialogue de l'enclume et du marteau. Ici pas de maître et valet, deux hommes. Salue, Lagouette. (Ils saluent.) Il serait de la race des mauvais serviteurs qui attendent, pour battre l'habit du maître, que le maître soit dedans. Gagnons de l'argent ; la gueuserie est immorale, on est exposé chaque jour trois fois à mal faire... à l'heure du repas... Des gueux, oui ! non au point de se refuser tout faste, la cravate de Lagouette est blanche et (montrant la rampe) de ces chandelles-là il n'y a que six à la livre... Ce n'est pas à parler que l'on s'enroue, c'est à se taire.

Les calembredaines ne nous effarouchent pas.

N'y a-t-il point des calembourgs dans le *Don Juan* de Byron ! Ah ! la belle ville et que les habitants sont aimables et hospitaliers !

La porte franchie, un excellent homme nous offre le vivre et le coucher ; il s'empare de notre valise dont le volume et le poids lui agréent... Nous le suivons. Au-dessus de la porte est un *Lion* de l'or le plus fin, un tableau d'un grand mérite. Nous entrons : vingt tables dressées ! les serviteurs sont nombreux et alertes. On sent une bonne odeur de poisson frais ; spectacle plaisant, la volaille est au feu !... (Avec emphase et surprise.) On nous parle avec respect !... Et déjà notre bonne mine nous prépare d'heureux instants :

Des belles femmes (un peu de carmin rehausse l'éclat de leur beauté) s'apprêtent à oublier par amour la pudeur qui leur est naturelle et dont jusqu'au moment de notre venue, sans doute, elles n'avaient pas méconnu les lois...

Non assez innocents pour croire que nous serons nourris, logés, caressés, sans bourse délier... La belle ville où l'on mange, où l'on boit, où l'on est aimé, pour son argent ! Assoiffé de liberté me voici. La dépendance coûte aux plus humbles. On accepte la servitude, on ne se fait pas à la livrée. J'ai connu les joies de l'orgueil satisfait. (Il marche de long en large fièrement.) Oui, en plein jour devant tous, un grand banquier m'a plusieurs fois fait monter dans sa voiture ; mais il montait le premier... Il est des riches qui ont de la politesse pour les pauvres... ils sont polis quelquefois... je ne suis pas une bête. (Avec emphase.) J'ai écrit un roman qui commence ainsi : « Elle se rendait à l'atelier d'un pas pressé. Elle se hâtait, s'étant levée bien tard... Mais si vous saviez pourquoi !... Ses seins en haut relief étaient durcis au feu de l'amour. Elle avait sous le bras un inutile corset... »

Le journal avait mis cette note : « Les nouveaux abonnés recevront sur leur demande tout ce qui a paru du remarquable feuilleton de M. Colonnis. » Colonnis, c'est moi.(Il salue.) Les nouveaux abonnés n'ont fait aucune demande !... J'ai écrit des comédies... Si l'on fait une visite le soir aux directeurs de théâtre, ils sont déjà cou-

chés; si c'est le matin, ils ne sont pas levés encore…
(Lagouette indique par gestes que Colonnis recevait la porte sur le nez.)

COLONNIS, fièrement. — Cela me fut conté!… Je viens
ici sans masque ni postiches : Pour porter perruque,
j'attendrai d'être chauve (avec infatuation), et les forts ont un
masque de chair sur la face. (Lagouette lui lance un coup de pied
qu'il évite.) Je m'attardais à philosopher… c'est un avertis-
sement. J'aime mieux recevoir ici des coups de pied
dans le… et les rendre que de donner des coups de chapeau qu'on ne me rendrait pas. (Désignant la va ise.) Voici la
boîte aux bons onguents.

LAGOUETTE. (Il montre les livres qu'il annonce.) — *Le Mame-
lon rose*, étude géologique de Mme Marc de Montifaud.

COLONNIS. — N'ajoute rien…

LAGOUETTE. — *Thèbes, la ville aux cent portes*, comé-
die nouvelle de M. Hennequin. Un roman nouveau : *La
belle marchande d'abats*.

COLONNIS, prenant d'autres livres. — Eh! les filles! là sont
les pages chaudes! je vous ferai voir le passage où vous
devrez rougir. Défleurissez-vous, mes belles! Avril sé-
vit!… Oui, je suis affamé et amoureux. Tandis que je
rétrécis ma ceinture, mon Héloïse élargit la sienne!…
(Il se dandine.) Je sais… je sais que pour connaître l'état
de santé d'une femme, on ne doit pas tâter le pouls; il
faut pincer les…

LAGOUETTE, offusqué. — Bavard! Tu es un homme
immoral et je le prouverai.

Colonnis. — Tu es un sot et tu le prouves. Le mutisme des sots est la pudeur des laides.

Lagouette. — Tu as un fond de mauvaise éducation. N'as-tu point l'autre soir montré à chacun le derrière de tes chausses ?

Colonnis. — C'était dans l'intérêt des plaisirs de tous.

Lagouette. — Vraiment !

Colonnis. — Eh oui ! si j'avais ce soir-là la mine maussade, au moins ma mauvaise humeur ne se voyait pas... (il se retourne) ainsi. Dès que tu sais pourquoi la cheminée fume, tu te montres content. Homme correct et mesuré, je le prophétise : les lettres académiques te devront l'oraison funèbre du peintre Paul Flandrin.

Lagouette. — Homme cruel !

Colonnis. — Tu parleras sur la tombe de M. Cabanel !

Lagouette. — Trêve aux offenses.

Colonnis, en détournant la tête avec un geste de dédain. — Et... et tu mourras censeur !

Lagouette. — Ah !...

Colonnis. — Ce Lagouette dit des bêtises gaies. La rue Lamartine est l'ancienne rue Neuve-Coquenard. Et il prend la revanche de M. Coquenard sacrifié. Il l'indemnise. Il dit : Le *Jocelyn* de M. Coquenard. C'est bête et gai. Le malheur est qu'il n'est pas gai toujours.

Lagouette, doucement. — Coquelin a des défauts, Got a des défauts, Saint-Germain a des défauts... Nous avons tous des défauts.

Colonnis. — Lagouette inspire les artistes. Il m'a
dit de l'*Ève* de Falguière : « Je la lui ai dictée... »

Lagouette. — Colonnis !

Colonnis. — Dis-moi, connais-tu le *Sursum corda* de
Sodome et Gomorrhe ? Réponds non.

Lagouette, offusqué et sec. — Non.

Colonnis. — Eh bien, c'est : Serrez les...

Lagouette. — Tu vas dire quelque sottise !

Colonnis, montrant Lagouette. — L'homme que vous
voyez a du génie ; la roulette lui obéit. Ses systèmes
d'une conception savante m'exaltent. Il a des marches
d'une surprenante invention. C'est en suivant ses précieux conseils que j'ai mangé mon bien, mais sans
douter de la science du maître. Ce qui a causé ma ruine,
c'est que j'ai une femme fidèle.

Lagouette. — Mouche la chandelle. (Colonnis mouche une
chandelle de la rampe.)

Colonnis. — Oui, j'en reviens aux croyances popu-
laires. Je croirai aussi désormais que les enfants se font
par l'oreille : en effet être aimé, c'est être écouté... Si
la déveine m'accable, si je suis décavé, c'est qu'Héloïse
est la plus pure des femmes ; elle rougit en voyant se
béqueter les colombes... et joueuse !... Elle est forte à
tous les jeux.

Lagouette, tendrement, du ton d'un homme reconnaissant. —
O Héloïse !

Colonnis. — C'est devant une table de jeu que j'ai
fait la conquête d'Héloïse. Je venais de perdre mon der-

nier louis. Elle se dit : « Pour un perdant il a bonne mine ! » Une heure après j'étais son mari.

LAGOUETTE, blessé. — Une heure après !...

COLONNIS. — O joie !... Elle portait des robes roses impunément. Je l'ai enlevée au dernier major de table d'hôte (accentuant le mot), un vieux brave que déparait un tremblement nerveux.

LAGOUETTE. — Et la cause de ce tremblement ?

COLONNIS. — Une peur. Mélancolique, il disait en me regardant : « Aujourd'hui la partie à trois... » A certains jours ce rival m'inquiète.

LAGOUETTE. Ce vieux !

COLONNIS. — Oui, il est vieux. Héloïse dit : vieux comme Eros .. Oui, si édenté qu'il soit, j'en suis jaloux. On ne peut plus casser de noisettes qu'on croque encore dans les pommes... Adorable, Héloïse !... un peu indifférente aux menus soins de la toilette, et douce ! elle ne ferait pas de mal à une puce. Ce matin je lui ai dit : « Fais-toi belle. » Elle m'a dit : « Pour les oiseaux qui passent sans doute ? — Non, pour moi. — Ah oui ! » dit-elle avec le savant entrebâillement des lèvres de la femme qui a les dents blanches.

LAGOUETTE, avec amour. — O Héloïse !...

COLONNIS, avec reproche. — Oh !... Héloïse !... Le mal marié demeure en haut d'une côte, s'il sort de chez lui, la pente le favorise : il s'éloigne rapidement... Il rentre à petits pas...

LAGOUETTE à lui-même. — Gagner, perdre ; jouer à la

roulette, aux cartes, à pile ou face mais jouer ! Regarder son jeu ! (Il fait le geste de tenir des cartes.) Le Roi, personnage d'un certain âge au maintien noble ; la Reine, personne très distinguée et d'âge plus tendre ; le valet, gracieux éphèbe... Et celui qui regarde jouer. En soimême il porte chance à l'un des joueurs ; il le console ou l'exalte. Si son favori perd, c'est comme un affront qu'il ressent. Le perdant se tait et souffre. Un joueur, mon ami, qui avait perdu sa maîtresse, a été appelé à un rendez-vous d'honneur... pour une belle partie ; il a répondu : « Vous comprenez... j'irai... j'irai tard... » Quand on me parle d'un homme courageux je dis : « L'avez-vous vu jouer ? l'avez-vous vu perdre ? l'avez-vous vu gagner ? »

Colonnis. — Je suis gros mangeur et tendre époux. Interrogée sur mon appétit, Héloïse a répondu : « Il fait ses trois repas, et il soupe ! »

Lagouette. — Chère âme !

Colonnis. — Ah ! la belle nuit de noces ! Les merles ne sifflaient pas, ils chantaient !... Sur nos habits nous avions gardé le parfum des fleurs foulées... La robe d'Héloïse sentait le coquelicot et le bluet. Des brins d'épis étaient dans ses cheveux dénoués. A moudre le blé vert on ne perd pas sa peine !... Avions-nous assez trinqué des lèvres !... Les joues de mon adorée étaient d'un rouge vif, divines meurtrissures ! j'entraînai l'épousée. De l'ombre et du mystère ! Ce souvenir me trouble... m'agite... m'échauffe...

LAGOUETTE, pincé.— Dis m'enflamme...

COLONNIS. — Le jour vint. Sais-tu ce que nous faisions à cinq heures du matin?

LAGOUETTE, très sec. — Aisément on devine.

COLONNIS. — Eh bien! pas du tout!... Sur l'oreiller, je taillais un bac avec ma femme. Je vais retrouver Héloïse.

LAGOUETTE, à part. — Comment lui dire!... (A Colonnis, en le retenant.) Tout à l'heure...

COLONNIS. — Non, tout de suite... (Passionnément.) Tout de suite!...

LAGOUETTE. — Et si elle n'était plus chez toi!

COLONNIS. — Hein!

LAGOUETTE. — Et si elle avait suivi par amour (il se rengorge) un autre homme?

COLONNIS. — Ah! Héloïse a crotté ses ailes!... Héloïse qui disait de moi: « Si je l'aime!... Je me laisserais caresser par lui sur un fagot d'épines!... » La coureuse! la coquine! la gourgandine! la...(A Lagouette.) Souffle-moi.

LAGOUETTE, hésitant, sous l'œil de Colonnis. — La dévergondée!... La guenon!... La... la... la femelle!... L'hétaïre! (Bas.) Pardon, Héloïse!

COLONNIS, à part. — C'est lui le ravisseur. Serviteur viril de ses volontés, j'obéissais... en maître respectueux. Lui, il ne respectera que son sommeil... Pauvre fille! (Haut.) Le pommadin! le joli cœur! le... Souffle-moi.

LAGOUETTE. — Mais...

COLONNIS, se redressant. Souffle-moi !

LAGOUETTE. — Le beau mignon... le freluquet...
(Colonnis tousse.) le libertin... le polisson... le paillard...

COLONNIS. — Cette Héloïse... une poupée de tir !...
Écuelle à soupe maigre !...

LAGOUETTE, opprimé par Colonnis. — La gueuse. (Bas.) O
ange !

COLONNIS. — Le marchand de frimes !...

LAGOUETTE. — La canaille !...

COLONNIS. — Le serin lascif.

LAGOUETTE. — Il a vu mon trouble !

SCÈNE MIMÉE. — MUSIQUE

(Colonnis va à la valise, prend un très grand couteau, l'aiguise sur une
pierre, va à la porte, pousse le loquet. Il est pâle et ses cheveux se
hérissent. La jalousie l'a transformé. Il est d'aspect féroce. Il a une tête
d'assassin. Lagouette l'observe. Colonnis brandit son arme, il s'avance à bas
bruit sur Lagouette dos tourné. Il hésite, avance d'un pas, recule, avance
de nouveau. Il lève le bras...)

LAGOUETTE extatique. — Adieu, Héloïse !

(Colonnis a horreur de son crime. Il jette l'arme. Il retourne à la valise.
Il prend deux épées de combat. Il les mesure. Il prend une épée et se
met en garde, il simule un combat.)

LAGOUETTE. — Hum ! un duel... partie dangereuse...
on meurt en un...

(Colonnis pose un doigt sur la pointe de l'épée et fait une grimace. Il
remet les épées dans la valise. Il prend un marteau, un clou, une corde.
Il monte sur un escabeau, enfonce le clou.)

LAGOUETTE, radieux. — Ce spectacle me navre...

(Colonnis ajuste la corde, passe sou cou dans le nœud coulant, fait
signe qu'il n'est pas plaisant d'avoir la langue qui pend, replace la corde
dans la valise. Il réfléchit la tête basse et les bras croisés. Tout à coup
il relève la tête, sa physionomie s'éclaire. Il marche à grands pas et
s'écrie : O joie ! je suis cocu ! Héloïse, femme supérieure,

qui sait être sage à propos et infidèle quand il convient ! Je suis cocu ! Si nous faisons une bonne recette, j'achète un miroir de quatre sous pour voir une bonne tête de cocu (très courtois) puisqu'il n'y en a pas d'autres dans la ville… La déveine est conjurée, je suis cocu ! (Il se jette au cou de Lagouette.)

LAGOUETTE, stupéfait. — Je vis !…

COLONNIS, à part. — Je tiens ma vengeance, (à Lagouette) jouons.

LAGOUETTE. — Je n'ai rien à jouer.

COLONNIS, ironique. — Ce joueur qui dit n'avoir rien à jouer !.. (Il le fouille et dans une poche trouve une bourse à moitié plate. Il tire sa propre bourse qui est ronde.) Je te joue ma bourse contre la tienne.

LAGOUETTE. — Ta bourse est mieux garnie.

COLONNIS, avec un beau geste. — Qu'importe ! Je joue mon tout contre ton tout. (Il tire un jeu de cartes.)

SCÈNE MIMÉE. — MUSIQUE

(Dans un grossissement caricatural chacun des deux joueurs secoué, par les émotions du jeu, se démène et s'agite, soit qu'il perde, soit qu'il gagne. Il se livre aux transports de la joie ou rend les angoisses de la mauvaise fortune. Mimique excessive, une sorte de danse macabre, avec sauts et soubresauts, qui est seulement coupée par ces mots : « J'ai perdu » ou « j'ai gagné ! » (Ils jouent plusieurs coups pour chaque enjeu, fiévreux. Lagouette s'arrache — réellement — des touffes de cheveux.)

COLONNIS. — Au baccarat. (Il tire à qui donnera, il donne, abat son jeu). Neuf ! (A part.) Ah ! tu aimes les gorges rondes !

Lagouette, amer. — j'ai perdu ! (Colonnis prend la bourse.)

Colonnis, railleur. — Ton chapeau... (Il joue.) J'ai gagné !
(Il décoiffe Lagouette et se coiffe du chapeau gagné.)

Lagouette, ému. (Il remplit deux verres du reste d'une bouteille ;
au moment où il porte le verre à la bouche, Colonnis lui pose la main sur
le bras. Colonnis par gestes lui dit : « Ton verre contre le mien. » I's
jouent.)

Colonnis, abat son jeu. — J'ai gagné ! (Il boit les deux verres
de vin en faisant claquer sa langue.)

Colonnis, le dépouillant. — Ton habit.

Lagouette. — Mais s'il gèle ?

Colonnis. — Donne, j'ai gagné ! (Il le déshabille avec l'avi-
dité d'un gourmand pelurant une pomme, il tâte l'habit d'un air heureux
et il s'en revêt. A part). Ah ! tu aimes les jambes fines !..

Lagouette, à part. — Voilà ton châtiment, libertin !

Colonnis. — Je te joue ta culotte.

Lagouette. — Soit, je te jouerais ma peau !..

Colonnis. — Mets sur jeu.

Lagouette. — Hein !

Colonnis. — Mets sur ce jeu !..

Lagouette, pudique. — Colonnis !

Colonnis. — De très braves gens de l'antiquité ne
portaient pas culotte. D'un vieux rideau je te ferai une
tunique décente.

Lagouette. — Jouons.

(Ils jouent. Colonnis fait un geste de triomphe. Lagouette un geste de
découragement, Colonnis le déculotte avec la gloutonnerie d'un singe
épluchant une amande, et se passe la culotte. Lagouette reste en caleçon,
toujours canne à la main et monocle sur l'œil.)

Lagouette, accablé. — Rien, je n'ai plus rien !

(Colonnis fouille Lagouette, et trouve une clef de très grand modèle que Lagouette lui reprend.)

LAGOUETTE. — Ma clef, la clef de ma chambre.

COLONNIS, à part. — C'est là qu'il a caché ma femme. Je te joue ta clef.

LAGOUETTE. — Cette clef! pourquoi ?..

COLONNIS, railleur. — Caprice d'artiste... Elle est d'un beau dessin, d'un travail précieux.

LAGOUETTE, à part. — Mais cette clef donne accès dans la chambre où repose Héloïse... Elle m'aime, elle m'attend, elle m'espère, elle m'appelle... elle me désire!...

COLONNIS. — Jouons!

LAGOUETTE, possédé. — Allons... Aux dés en partie liée. *Il tire de sa poche un cornet et un dé.* (Il joue.) Six!

COLONNIS, joue. — Cinq. A toi la première manche. (Il joue). Deux.

LAGOUETTE, joue. — Un!.. La belle. (Il joue.) Cinq!

COLONNIS joue. — Six!

LAGOUETTE, au désespoir, tombe sur un banc!

COLONNIS. — La clef?

LAGOUETTE. — Je suis homme d'honneur, je connais les règles du jeu sur parole. J'ai perdu, je paierai... je paierai demain.

COLONNIS. — Hein!

LAGOUETTE. — Avant dix heures...

COLONNIS. — Ah, traître!.. (Il le prend à la cravate.) Je tiens mon voleur.

LAGOUETTE. — Il n'y a pas eu bris de clôture...

CoLONNIS. — Pour témoin de son serment elle avait pris des millions et des millions d'étoiles... Et, sans doute, c'est sous un ciel nuageux qu'elle fut infidèle ! Au moins dis-moi comment tu as pu vaincre ses résistances acharnées ? Tu auras employé la ruse... la violence peut-être !

LAGOUETTE. — Je lui ai donné le secret d'une martingale infaillible.

CoLONNIS lui enlevant la clef. — Ah ! infaillible !... je vais savoir le secret de la martingale infaillible !...

(Il brandit la clef et sort en courant après avoir fait plusieurs fois le tour de l'estrade, suivi par Lagouette qui tient une chandelle prise à la rampe.)

LAGOUETTE. — O Héloïse !

(Demi-défaillant, il sort à la suite de Colonnis.)

MUSIQUE.

ANGERS, IMP. BURDIN ET Cⁱᵉ, 4, RUE GARNIER.

DU MÊME AUTEUR

UNE VOLÉE DE MERLES . . . . 2 fr. »
    Portraits littéraires.

LE ROMAN DE LA CHAIR 3 50
    100 dessins par HADOL.

AVANT LE DÉLUGE. — Variétés littéraires . . 2 »
    Eau-forte par E. MILLET.

L'INSOUMIS. — *Roman* . . . . 2 »
    Eau-forte par E. MILLET.

PETIT MANUEL D'ART, *à l'usage des ignorants* .
    — Peinture, Sculpture 3 50
    Six eaux-fortes par E. MILLET.

LE LIVRE D'ART DES FEMMES. — Peinture,
Sculpture 3 50
    Eau-forte par RIBOT.

FEND-LE-VENT. *Histoire d'un âne.* — Nouvelles
    à l'eau-forte.

Chez Alphonse LEMERRE, éditeur

27, Passage Choiseul, à Paris.

ANGERS, IMP. BURDIN ET Cᵢᵉ, RUE GARNIER, 4.